# Ich: Frau, Mutter und Partnerin

Galina Pfeifer

Für die lieben Menschen
um mich herum.

# Ich:

# Frau, Mutter und Partnerin

Galina Pfeifer

*Die Deutsche Nationa[...]k verzeichnet diese Publikation in d[...]hen Nationalbibliografie; detaillierte bibliografische Daten sind im Internet über http://dnb.dnb.de abrufbar.*

*Text: © 2021 Galina Pfeifer*
*Illustrationen: © sketchify:*
      *-Artist jumping high holding paintbrush and paint*
      *-Woman on skirt jumper floating with paper confetti*
      *-Person jumping gets Social Media like*
      *-Female outline holding book and pen*
*Umschlagbild: unter Verwendung von www.canva.com*
      *© Marketplace Designers:*
      *-Brush Stroke Background*
      *© sketchify:*
      *-Person splithing while working on Laptop*
      *-Person Line*
      *© gstudiomagen: scribbled heart*

*Herstellung und Verlag: BoD – Books on Demand, Norderstedt, Deutschland.*

*ISBN Printausgabe: 9783755752646*

# Die Frau

## Der ewige Jungbrunnen

Ich war auf der Suche nach dem „Jungbrunnen",
das Gemälde von Lucas Cranach,
es wäre eigentlich in Berlin zu bestaunen,
und ich schaute irrtümlich im Louvre nach.

Nichtsdestotrotz – habe ich
ewig jung gebliebene Frauen getroffen.
Wir plauderten über ihre Epochen.
Einige fragte ich nach der Anleitung,
um ewig jung zu bleiben,
wie die Frauen aus der Modezeitung.

Marianne, die französische Freiheit,
hatte für mich nicht viel Zeit.
Die Fahne schwenkte sie fleißig
und rief ihre Leute herbei.

Auf die Schnelle rief sie mir noch zu:
„Für deine Freiheit verantwortlich bist nur du!
Kenne deine Rechte und kämpfe dafür,
öffne jede dir geeignete Tür!"

In der nächsten Halle, rechts ums Eck,
schien es mir friedlicher direkt.
Die rätselhafte Mona Lisa erblickte mich
und zauberte mir ein Lächeln ins Gesicht.

Sie flüsterte leise, im ruhigen Ton:
„Immer freundlich zu bleiben
zu jeder Nation und jeder Person,
ist übrigens meine Lebensmission."

Die schöne Aphrodite war die dritte im Bunde·
Sie vervollständigte diese Ratschlagsrunde:
„Bleib selber dir treu, bewahre deine Anmut
und nur mit einer bedingungslosen Liebe
wird auch bei dir alles gut!"

Ich fasse die Weisheiten zusammen:
Bewege dich täglich, schau immer nach vorn,
so bleiben dein Geist und der Körper in Form·
Deine Freundlichkeit und deine wahre Liebe,
das wären Geschenke, die der Menschheit·
von dir für die Ewigkeit blieben·

## Schönheit der Natur

Was ist die Schönheit der Natur,
der Anblick einer Felswand?
Die Wucht presst in den weichen Sitz
und fließende Morgenröte über der Spitze
versteinert das staunende Antlitz·

Vielleicht liegt die Schönheit an einem Strand?
Die Füße getaucht in den Sand·
Der Blick wandert gerade voraus·
Möwen halten fest eine blaue Leinwand
und kreischen laut:
„Der Horizont ist nicht der Rand!"

Vielleicht sitzt die Schönheit auf der Wiese,
dabei erlebt sie die Mikro-Krise·
Ameisen haben sich verlaufen,
wo ist der Weg zum Ameisenhaufen?

Vielleicht flattert die Schönheit in der Luft,
wie zwei schwarz-weiße Elstern·
Von Fichte zu Fichte gleiten und einstweilen
einen Hund auf dem Spazierweg ärgernd begleiten·

Vielleicht verschwindet die Schönheit im Nebel,
um alle Augenblicke zu stehlen·
Alles nur weiß, mal sättigender, mal leicht·
Die Route ist frei für die Fantasie –
Die Schönheit der Natur lebt nur in dir!

# Ich kann was tun

Die Welt im Wandel – unerwartete Wendungen.
Die Nachrichten sind überfüllt
von Schreckensmeldungen.
Von früh bis spät kann ich sie schauen
und komme gar nicht aus dem Staunen.

Was tun die großen Gipfeltreffer –
verhindern sie etwa nicht:
die Abholzung der grünen Wälder,
die Massentötung der Kälber,
Versenkung der Menschheit im Meer?
Die Entscheidung nur ihnen zu überlassen,
ist wirklich unfair.

Oben auf dem Gipfel, da können sie es machen,
die aktuelle Regung in schöne Worte fassen.
Unten auf dem Grund, mitten im Geschehen,
sehnt sich nach einer Fortentwicklung
die Menschheit beim Aufstehen.

Schon eine kleine Veränderung,
die startet genau bei mir,
mit einer reinen Beobachtung von
meiner Habsucht und meiner wilden Gier.

Die ganze Welt verändern?
Ich achte erst auf mich!
Was koche ich heute „Lokales"?
Was trage ich heute „Faires"?
Wo fahre ich nun hin?

Ich schätze einfach das,
was ich schon alles hab.
Dann bin ich eine Inspiration:
für die Nachbarn, Freunde und
die nachfolgende Generation.

Ich muss auf keinen warten,
ich kann selbstständig starten.
Und auch der große Gipfel
folgt mir in diese Richtung.

# Tun

Tun – ein kurzes Wort, groß ist die Bedeutung.
Schon Goethe glaubte an den Erfolg,
der aus dem Wort „Tun" folgt.

Eine Inspiration oder Faszination
soll nicht verharren in einer Gedankenobservation.
Der Funke darf dem Kopf entrinnen
und an fassbarer Gestalt gewinnen.

Je greifbarer, desto zugänglicher für jenen,
der seine Fetzen im Geiste kreisen sieht
und noch keinen Nutzen daraus zieht.

Das Wort „Mut" ist genau so lang
wie das Wort „Tun",
haben beide etwas miteinander zu tun?
In der Handlung erfordern beide eine Überwindung,
ersten Schritt und genauso eine Selbstfindung.

Mit dem Vertrauen in sich
geht der erste Schritt los.
Routine und Ausdauer:
Ist der voranbringende Stoß.
Loslegen, zugreifen, anpacken, beginnen
sind Handlungen, um das „Tun"
zum Erfolg zu bringen.

# Erwartungen

Täglich erwarte ich von meinem Leben,
einwandfrei zu funktionieren.

Der Bus soll rechtzeitig ankommen.
Das Gegenüber soll mit mir auskommen:
meinen Willen akzeptieren und bloß nicht
protestieren.
Das Wetter soll stets passen: Beim Spazieren soll
die Sonne scheinen auf den Rasen.

Es soll auch Regen geben
und die Erde soll nicht beben.
Mein Gehirn diktiert mir ständig vor, zu intensiv
erscheint mir dieser Rumor.
Mit zahlreichen Vorgaben bestreite ich einen
schmalen Weg, verpasse die Lebensgaben und lasse
eng verschnürt mein Erfahrungsgepäck.

Wie wäre es denn ohne - ein Ziel fest an die
Wand zu hämmern und sich an eigenen
Vorstellungen zu klammern?
Droht die Gefahr der Antriebslosigkeit, der
Desorientierung und der Verlust des
Gleichgewichts?
Der Tatsache im Angesicht, bringt ein Zielverzicht
neue Chancen mit sich.

Plötzlich schaue ich außerhalb des Tunnels nach
rechts und links.
Der schmale Weg vor mir weitet sich.
Die Lunge hat nun Platz zum Atmen.

Das Herz öffnet das Tor. Statt Erwartung kommt nun Neugierde hervor, begleitet von der Dankbarkeit und Liebe.

Leiser wird der Gehirnrumor und lauter wird die Stille.

Ich bin froh über jedes Wetter. Auch wenn der Kopf im Regen völlig durchnässt, ist es ein Wunder zu bestaunen in einem grünen Baum ein Vogelnest.

Der Bus kommt fünf Minuten zu spät, Zeit einem Nebenmann mein Gehör zu schenken und zu fragen, wie es ihm in wirklich geht.

Mit neuen Ideen aus dem Gespräch löst das Erfahrungsgepäck seine festgeschnürten Schlaufen und rüttelt an meinem festgemeißelten Glauben.

# Durchatmen

An manchen Tagen bin ich platt.
Die ganze Kraft klettert herab.
Nicht in den Armen, Beinen
und auch nicht im Kopf.

Wo habe ich meinen Reset-Knopf?
Wie - das ist uns nicht gegeben?
Ich muss mich fleißig selber pflegen?
Ich bin verantwortlich für mich?
Wie lächerlich!

Du meinst, ich bin keine Maschine
und könnte nie endlos rotieren wie eine Turbine?
Ich muss mir selber Ruhe gönnen,
um einmal richtig durchatmen zu können?

Diese Methode klingt sehr schlicht.
Doch warum tue ich es nicht?
Sofort setze ich mich aufgerichtet hin
und lasse locker mein Kinn.

Ich atme tief - ein und aus,
schon fliegen Sorgen weit hinaus.
Mit dem nächsten Aus und Ein
strömt Energie in mich hinein.

Ich fühle mich fast aufgetankt.
Für diesen Tipp - ein großer Dank!

# Frauen beim Sport

Trainierst du gern alleine
oder eher in deiner Gemeinde,
in einer Gruppe von Frauen,
um deine Muskeln aufzubauen?

Deinen Körper zu bewegen,
da sagt keiner was dagegen,
wenn du ihn nach rechts und links
abwechselnd drehst und biegst.

Nur du legst fest
deine Geschwindigkeit, deine Ruhe
und auch die Zeit
wann du anziehst deine Sportschuhe.

Alleine Sport zu treiben -
„Ich lass es heute bleiben",
heißt es ab und zu,
„Ich setze mich zur Ruh."

Im Kurs dagegen warten auf dich Frauen,
die motivieren und aufbauen.
In einer fröhlichen Frauenrunde
kugelst du dich vor Lachen öfter in der Sport-
stunde.

Die Planke und die Bauchpresse
haben ein körperstraffendes Interesse.
Mit Frauenspäßen können sie keinen Schritt
halten, jedoch verursachen sie auch keine
Lachfalten.

Trainieren in der Gruppe oder alleine,
stärkt nicht nur dein Herz und deine Beine.
Die festsitzenden Steine lösen sich,
rollen los von deiner Seele
und schnüren frei deine nach Luft greifende Kehle.

# Frauen beim Kaffeetrinken

Ein Tropfen Sahne, cremeweiß,
im Gegensatz zum Kaffee bleich.
Davon sind es 20 Milliliter nur
und im Getränk ist eine Spur.

Der Tropfen mischt sich unter das Getränk
und hält bereit sein malerisches Geschenk.
Ohne den Tropfen mit einem Löffel zu rühren,
wird er seine tausenden Formen vorführen.

Der einen Kaffeetrinkerin
erscheint er als ein Herz,
der anderen als Stufen, die führen aufwärts.
Die Eine erkennt die ausgebreiteten Flügel,
die Andere sieht vor den Bergen die Hügel.

Ein Pferd, eine Wolke, ein Zelt und ein Hase,
dann ein Nachbar mit der langen Nase,
außerdem Bäume, nein ein ganzer Wald
und nun ist der Kaffee total kalt.

# Pumpkin Pie

Hokkaido – orangerot
Ist auf dem Markt im Angebot.
Er strahlt mich so bittend an,
ob ich ihn heute kaufen kann.

Es ist eine Zeit der Ernte
oder auch der Experimente.
Der Herbst liefert Allerlei,
nun backe ich einen Pumpkin Pie.

In die Backform kommt erst der Teig,
die Kürbismasse wird darüber aufgereiht.
In den Ofen hineingeschoben,
ist die Backzeit bald verflogen.

Ich lade meine Liebsten ein,
denn der Kuchen ist ganz fein.
Jeder soll ein Stück probieren,
nicht nur vom Anblick der leuchtenden Farbe,
sondern auch gesundheitlich profitieren.

Das Betacarotin verbessert die Sehkraft
und die Haut wird leicht gestraft.
Der Kürbis stärkt uns für die dunkle und kalte
Zeit und wir bewahren unsere Heiterkeit.

# Barfuß

Der Schuh an dem rechten Fuß
saß gemütlich bis zum Schluss.
Bis der Fuß kam zum Entschluss,
stieg aus und sagte: «Tschüss».

Der Fuß zögerte ein wenig,
ob das nicht unsinnig sei:
treten auf das weiche Gras,
wo der Morgentau noch saß.

Tau benetzte die grüne Wiese.
Den Schuh gar nicht mal vermisste,
tauchte der Fuß ins Ungewisse –
in das Grüne und die Nässe.

Was für eine Raffinesse!
Der linke Fuß erkennt die Engpässe
und stürmt heraus aus seinem Schuh.
Na, was sagt der jetzt dazu?

Überrascht vom Wohlergehen
Bleiben Füße erstmal stehen.
Zellen richten sich neu aus,
Nerven flippen freudig aus.

Was verdient hier 'nen Applaus,
rechter oder linker Fuß?
Vielleicht erscheint das hier konfus,
der klare Verstand bestellt einen Gruß.

# Das Licht in mir

Ein Blick aus dem Fenster.
Ein dunkler und verregneter Tag,
kaum möglich ist ein Spaziergang im Park.

Schafft es die Sonne aus der dichten Wolkensperre
sich in die Freiheit hinauszuzerren,
um die Außenwelt zu erhellen,
sie in die Regenbogenfarben zu tauchen
und mir die Lebensfreude einzuhauchen?

Ist es einer dieser Tage,
um nach innen zu schauen?
Sollen die Augen keine Objekte ergreifen
und einen Anblick auf äußere Eindrücke verkneifen?
Was passiert,
wenn die Augen verschlossen bleiben?
Bricht eine Dunkelheit ein und mit ihr das Ende –
das eigene Ende, oder das Ende der Welt?

Ich habe schon einige Blinde gesehen,
die dieselben Strecken gehen.
Was treibt sie an, jeden Tag aufzustehen?
Welches Licht erhellt ihnen den Weg?

Ich schließe die Augen.
Ich spüre die Hand und ich fühle mein Bein.
Der Atem fließt durch die Nase herein.
Es leuchtet und wärmt aus meiner Mitte,
hinter der Brust unter den Rippen.

In Ruhe und unter Beobachtung
erglühen und breiten sich Strahlen im Körper aus.

Meine Erkenntnis:
Das Licht nicht im Außen zu suchen.
Ich bin selber ein Licht, eine eigene Sonne,
ein eigener Stern und die treibende Kraft.
Es ist eine leuchtende Wissenschaft.

## Eine Kreuzung

Zwei Straßen überschneiden sich·
Vier Wege öffnen sich für mich·
Ich stehe an der Kreuzung in der Mitte,
dennoch erstarre ich wie auf 'ner Klippe·

Ich wage es nicht, einen Schritt zu gehen,
da müsste ich mich festlegen,
einen Entschluss für mich fest fassen
und andere drei Wege
oder auch alle vier hinter mir lassen·

Wie einfach es ist,
bekannte Wege zu laufen·
Das Risiko ist klein, sich zu verlaufen·
Schon Tausende sind hier lang gegangen,
sie haben keinen neuen Pfad angefangen·

Warum glaube ich,
ich muss durch das wilde Gewächs·
Der neue Durchgang ist komplex:
Eine Entscheidung fällen vor jeder Hecke,
eine Chance erwarten hinter jeder Ecke·

Doch jeder eigene durchkämpfte Pfad
entfernt mich vom stark frequentierten
Hamsterrad,
das sich endlos in einem Kreis dreht
und wieder dieselbe Kreuzung überquert.

# Hör auf die Last zu tragen

Hör auf die Last zu tragen,

die mit der schweren Kette
dich in die Knie zieht
und mit den verriegelten Schlössern,
den Weg zum Herzen verschließt.

Hör auf die Last zu tragen:

Die schmerzhaften Erinnerungen
versauern nur den Magen.
Die Unwissenheit mit tausend Fragen –
Es ist in Ordnung
nicht alle Antworten zu haben.

Hör auf die Last zu tragen:

Verzeihe den Anderen
und lasse sie gehen.
Vollbringe es nicht ihretwegen,
sondern um dich wieder frei zu bewegen.

Hör auf die Last zu tragen:

Zu Lebzeiten hast du die Macht,
dich zu befreien von der lästigen Fracht.
Diesen vollbepackten Sack
stelle an der nächsten Ecke ab.

# Ein Wirrwarr

In meinem Kopf herrscht ein Wirrwarr,
das finde ich gar nicht wunderbar·
Am besten schreibe ich alles auf
und lass dem Chaos freien Lauf·

Im Kopf kreisen die Gedanken,
ihnen fehlt ein fester Anker·
Sie surren, knurren, brummen
und haben im Sinn, heute
nicht zu verstummen·

Zu laut ist es in meinem Schädel·
„Nur Ruhe du, Meckermädel,
setz dich erstmal gemütlich hin
und öffne dein Reinigungsventil·

Du atmest ein und länger aus,
transportierst deinen Müll weit raus·
Stattdessen lade dir die frische Luftfracht,
die beschert dich mit der neuen Kraft·"

Da ist anscheinend etwas dran,
ich höre im Kopf schon einen Gesang·

Gedanken sind sortiert in Kisten:
Die Große mit „unwichtig" – sofort ausmisten,
die Übrige mit dem Wort „wichtig",
auf die konzentriere ich mich richtig·

# Kleiderschrank

Steh ich nackt mit beiden Beinen
vor dem Kleiderschrank, dem meinen:
überfordert mit der Wahl,
Kleidung suchen ist 'ne Qual!

Kleider, T-Shirt, Hose, Rock.
Ich bekomme einen Schock.
Socken, Slips und Büstenhalter.
Fragt sich nur: „Aus welchem Alter?"

Alles schaufle ich heraus.
Auf dem Boden wächst ein Haus.
So ein Haufen mit Klamotten!
Fragt sich nur: „Wo waren Motten?"

Das Gerümpel muss dankend weg,
für die Spende ins Gepäck.
Nur die Liebsten dürfen bleiben,
um mich glücklich zu bekleiden.

Marie Kondo macht es vor,
faltet Kleidung mit Humor.
Plötzlich hängt die Mode nicht,
STEHT im Schrank bereit für dich.

Lange Suche im Schrank beendet.
Platz nicht umsonst verwendet.
Kleidung ist parat vor Augen.
Probier es aus, um es zu glauben!

# Die Maske

Welche Maske ziehe ich an?
Ich lasse meine Natürliche dran·
Die Nase sitzt nicht aufgesetzt,
die Augen springen nicht
und sind nicht gehetzt·

Der Mund ist natürlich rosa,
die Worte fließen, wie in Prosa·
Kein Stocken, Kein Hacken,
einfach im Fluss, direkt vom Herzen
kommt der Kuss·

Die falsche Maske drückt an vielen Stellen
und verursacht an der Haut nur Dellen·
Sogar die Fäuste ballen sich zu fest
und die Pobacken werden zusammengepresst·

Die Steifheit lähmt den Körper,
es strömen unechte Wörter·
Von Kopf bis weit über das Bein
beherrscht den Leib das Unwohlsein·

In einem natürlichen Zustand
gibt's Halt und einen festen Stand·
Jeder Tag bietet mir eine Wahl,
Rollen zu spielen oder zu sein,
ein unnachahmliches Original·

# In 28 Tagen durch die vier Jahreszeiten?

Tritt ein die Frage – in den Raum,
richtet ihr Blick auf junge Frauen.
Die Frauen halten es für wahr
und stellen ihren Zyklus dar.

Der Winter startet kühl und rau.
Die Periode beginnt bei der Frau.
Zu dieser Zeit fühlt sie sich alt.
Die Haut ist fahl, matt und kalt.
Blass und stumpf sind auch die Haare.
Entspannung und Ruhe gibt's für die Paare.

Der Frühling erwacht nach der Menstruation.
Der Körper ist fit für ein Sportstadion.
Die Haut ist gestraft. Es glänzen die Haare.
Die glückliche Zweisamkeit beginnt für die Paare.

Der Sommer folgt – ein Ei entspringt.
Die Frau ist von der Natur geschminkt.
Die rosige Haut erregt zum Anbeißen.
Ihr Duft lockt an, um sie zu verspeisen.

Der Herbst haut um,
mit seiner trüben Stimmung.
Die Frau ist kritisch zu jeder Abstimmung.
Am liebsten hockt sie zu Hause in dicken Socken.
Ihre Haut und Haare werden rissig und trocken.

Die Frau benötigt eine reichhaltige Pflege
und bloß keine langen Vorträge·
Nur Wärme, Geborgenheit, Verständnis und Liebe
können die anbrechende Kälte besiegen·

Frei vom geografischen Ort
erlebt eine Frau immerfort
die vier Jahreszeiten -
mit all ihren schönen Seiten·

# Seiltänzerin

Ins tiefe Dunkel ist das runde Zelt gehüllt.
Ein Scheinwerfer beleuchtet eine Erhöhung.
Die Stille durchbricht ein energischer Tusch,
eine Tänzerin erscheint in der luftigen Höhe.

Sie begrüßt das Publikum –
tritt auf das Unsichtbare, beinahe ins Nichts.
Zügig macht sie den zweiten Schritt,
balanciert und sogar wippt.

Die Tänzerin präsentiert ihr Können
auf einem starken schmalen Seil.
Dem Publikum bleibt weg die Spucke,
vor Aufregung oder vom zu lange
in die Höhe gucken.

Und wenn ich mich so recht besinne,
so tanzen Menschen fast jeden Tag.
Sie präsentieren den anderen ihr Können
auf einem harten und schmalen Pfad.

Mal schwenken sie zur rechten Seite,
dann zieht es sie nach links.
Mal gehen sie schwungvoll voran
und manchmal hängen sie hintendran.

Zurückkehren zu der Mitte
und kurz beobachten die Schritte,
erweitert zwar nicht den schmalen Pfad,
jedoch beruhigt und befähigt
die Seiltänzerin zu einem Spagat.

# Die Mutter

# Du bist das Licht
(Kurz nach der Entbindung)

In meinen Händen liegst du sacht.
Es ist unsere erste Nacht.
Die Augen gehen nicht mehr zu,
der wahre Grund dafür - bist DU.

In einer stillen dunklen Nacht
hast du ein Licht mir mitgebracht.
So zart, so klar und so helle,
bewundere ich diese Lichtquelle.

Dein Leuchten strahlt bis in die Tiefe,
berührt und erwärmt meinen inneren Kern.
So öffne ich mich für das Ungewisse
und behalte dieses Geschenk gern.

Du bist ein Wunder aus der Ferne,
bestehst aus tausenden Leuchtsternen.
Du bist die reinste Kraft der Liebe,
so werde ich dich ewig wiegen.

# Mama – das Zentrum

Ich bin das Zentrum der Familie.
Ein Obelisk der Stadt ist meine Rolle.
Die Straßen kreuzen sich in der Stadtmitte
und ich vernehme fast alle eure Schritte.

Ich bin eine Informationsdatenbank –,
mit euren Terminen und Plänen vollgetankt.
Ich stehe bereit und jederzeit abrufbar,
meine ehrenhafte Stellung ist unwiderrufbar.

Ich bin das Fass für eure Tränen.
Unermüdlich und ohne zu gähnen,
fange ich ein eure Sorgen,
ohne zu warten auf morgen.

Ich bin euer Motivator,
rotiere wie ein Ventilator,
bewege euch von der Stelle
bis eure Gemüter erhellen.

Mein pulsierendes Herz
unter der Haut dient euch.
Es wurde aus einem Meer von Atomen
zusammengebaut. Und jedes winzige Teilchen
ist bereit mit euch alles zu teilen.

Vereint, verknüpft, vernetzt
ist der Stadtkern namens „Liebesnest".

# Nebenbei erwischt

Zwei kleine Schwimmbecken
damit die Kinder nicht erschrecken,
nur Kinderknie randvoll,
Zum Planschen – toll.

Rund 100 spielende Schwimmer.
Die Elternzahl ist etwas geringer.
Die Wiese mit Tüchern bunt bedeckt.
Der Dieb die offenen Taschen entdeckt.

Der Dieb vergisst die fürsorglichen Mütter.
Sie sind nicht nur die Kinderhüter!
Sobald der Langfinger in die Tasche greift,
schon ihm eine Mutter ins Ohr schreit.

Einen heftigen Handklatsch spürt sein Gesicht,
den er niemals im Leben vergisst.
Betäubt lässt er die Beute los
und zieht davon, schrecklich nervös.

Gefeiert werde die mutige Frau.
Sie verhindert den üblen Klau.
Ein Dieb hat auf den Wiesen nichts zu suchen,
wo Familien für sich die Ruhe buchen.

# Mamajob

Mamajob ist mir am liebsten,
von mir hängt ab, der Tag der Liebsten.
Ich bin die Managerin, die Leiterin
und die persönliche Wegbegleiterin.

Ich bestimme, wie sie in den Tag starten
und der beginnt mit meinen Taten.
Weck ich sie mit sanften Küssen –
werden sie den Tag
fröhlich und aufgeweckt begrüßen.

Sag ich ihnen auf den Weg:
„Begegne allen mit Respekt!
Ich wünsche dir erfolgreiches Gelingen.
Du wirst alle Bergspitzen erklimmen."

Bei der Rückkehr in unsere vier Wände
treffen sie an auf warme Hände.
Mein Mund bleibt still und schweigt dazu,
denn meine Ohren hören zu.

Von dem schweren Kopf, dem Bauch
und der verkrampften Brust natürlich auch
dürfen sie abwälzen in wilder Hast
des Tages Freude und die Last.

Ich stell mir vor, ich mach's verkehrt,
gestalte den Tagesablauf umgekehrt.

Ich schmeiße raus sie aus ihrem Bett,
kommuniziere nur über den Chat
und wenn sie etwas zu sagen wagen,
dann müssen sie aufschreiben ihre Klagen.

Stopp! Halt! Nicht weiter!
Die Gänsehaut läuft mir über den Rücken
von diesen festschnürenden Eindrücken.
So bin ich froh, selber zu entscheiden,
wie ich meine Liebsten in den Tag begleite.

# Der Augenblick

Ein flüchtiger Moment,
der alles auf sich lenkt,
erfasst den ganzen Raum
und du fängst an zu tauen.

Leuchtet es dir ein,
wovon erzählt der Reim?

Ein flüchtiger Moment,
der dir die Freude schenkt,
dich in der Mitte trifft
und dein Herz fährt nonstop Lift.

Leuchtet es dir ein,
wovon erzählt der Reim?

Ein flüchtiger Moment,
der sich für eine Ewigkeit einbrennt.
Wann dir das wohl geschieht?

Wenn ein kleines Kind mit seinen
leuchtenden Augen dich ansieht.
Nun leuchtet es dir ein,
wovon erzählt der Reim.

# Ein Kind

Das Heilige im kleinen Menschen zu sehen,
mit all seinen Makeln und Reizen annehmen·
Diese Vollkommenheit und die höchste Vollendung
verdient eine liebevolle Zuwendung·

Kein Druck!
Nur Sanftheit, Zeit und Geduld
braucht zum Wachsen diese Unschuld·
Es muss nicht nachweisen sein Können,
um die bedingungslose Liebe zu bekommen·

Es ist das Reinste der Natur
und ich darf es begleiten auf seiner Tour·

# Die Partnerin

## Der Handkuss

*Liebe berührt·*
*Liebe führt·*
*Sie tastet heran·*
*Sie fast an·*

*So rührend, so sanft,*
*nimmt sie die Hand·*
*Hand spürt seidige Küsse*
*und flüsternde Wortergüsse·*

*Liebe geigt·*
*Liebe schweigt·*
*Und wenn nichts mehr schallt,*
*der Abdruck -, der bleibt·*

# Der frühe Morgen steht am Bett

Der frühe Morgen steht am Bett,
hält in den Händen ein Tablett,
serviert eine Tasse gefüllt mit dem Licht
und strahlt direkt mir ins Gesicht.

Wie kann ich da noch liegen bleiben?
Natürlich fang ich an zu reiben:
Meine Augen, die Nase und die Hände.
Hiermit ist die Nacht zu Ende.

Die Zehen rollen sich zu Schnecken,
um sich genüsslich wieder zu strecken.
Ich krieche hervor aus meiner Decke,
um die farbenfrohe Welt zu entdecken.

Die Ohren erwachen aus einem Traum,
vernehmen das Gezwitscher vom nahen Zaun.
Was bin ich nur für ein Glücksvogel?
Diese Freude möchte ich herausjodeln.

# Mein Liebling ist zurück···

Mein Liebling ist zurück vom Kongress:
erschöpft, kalt, steif und sichtlich gestresst·
Es folgt nur eine Mission,
um ihn zurückzubringen, zu seiner Person·

Mit kühlen Getränken beleben,
mit Erlebnisgeschichten loslegen·
Mit saftigen Früchten vitalisieren,
an der frischen Luft mobilisieren·

Mit Proteinen die Muskeln ernähren,
die Schwäche restlos vom Körper abwehren·
Im warmen Bad einweichen,
um die volle Entspannung zu erreichen·

Auf dem Daunenbett ausbreiten
und sich widmen den Ladezeiten·
Leib am Leib ist reiner Stromschlag·
Zum Aufwärmen direkter Draht
manchmal hart und sinnlich zart·

Der funkende Funke, der blitzende Blitz,
der spritzige Spritzer sind die Körper-Erhitzer·
Der Körper: warm, weich, rot rosig und glücklich
verweilt im Weichen gelassen·

Der Akku ist geladen -,
und morgen kannst du neu
in deiner Arbeit baden·

# Das Treffen der Zellen

Der Sex mit meinem Mann ist unglaublich,
hingebungsvoll, zärtlich, sinnlich und lieblich.
Mein Körper vibriert, friert, glüht und bebt.
Das habe ich schon tausendmal mit ihm erlebt.

Mein Leib verlangt
nach großflächigen Berührungspunkten,
wo seine Haut und meine Haut zusammen funken.
Das ist ein Treffpunkt unserer Körperzellen.
Gemeinsam bringen sie ins Rollen die Hitzewellen.

Die Moleküle begegnen sich, reiben sich, erhitzen
sich, vertiefen sich, erweitern sich, beschleunigen
sich, beflügeln sich und vereinen sich.
Was springt dabei für ihn und mich?

Der Liebesakt kräftigt unseren Tonus,
beschert uns mit dem Glücksgefühlbonus.
Die negative Energie wird entladen,
stattdessen mit positiver neu aufgeladen.

Es strahlen die Augen, die Lippen und die Haut.
Die Lunge dehnt sich aus. Und schau -,
bestaune die einzigartige und vollkommene Figur.
Der Sex ist eine natürliche Verjüngungskur.

## Tanz der Verliebten

Fest auf dem Boden, zwei männliche Füße,
begegnen den weiblichen; in kleinerer Größe.
Auf eine Einladung, in einem Quartett
inszenieren sie ein Tänzchen auf dem Parkett.

Die Füße nähern sich frontal in einem Takt,
ermöglichen einen engen Körperkontakt.
Die Augen ergreifen die Gunst der Stunde
und blicken ins Gegenüber für eine Sekunde.

In diesem Augenblick kreist der Verstand,
vereint sich mit dem Rhythmus,
wie ein Musikant.
Am hitzigen Körper zupft er das Nervenkostüm.
Das Herz atmet auf und rote Bäckchen erglühen.

Vergesst die steifen Attitüden.
Mit Schwung und Dynamik und
mit Füssen todmüden,
mit klebrigen Händen und schweißnassen Haaren
so tanzen unermüdlich die verliebten Paare.

# Zwei in einem Boot

Wir sind an Board.
Wo ist das Back- und Steuerbord?
Wer ist bei uns hier Kapitän
und regelt jegliches Problem?

Seit vielen Jahren in einem Boot
fahren wir gemeinsam durch Freud und Not.
Kein hoher Wasserfall und kein gefährlicher Strudel
entreißen uns aus dem Lebensjubel.

Mit je einem Paddel in der Hand
setzen wir uns näher an den Rand.
Das Paddelblatt taucht unter,
wir sind wie immer munter.

Wir rudern vorwärts: Hand in Hand,
dabei bestaunen wir das Land.
Beeindruckt von den bewegten Ansichten,
sind wir froh, dem anderen davon zu berichten.

Beim Austausch treibt das Boot uns fort.
Es dauert noch bis zum letzten Wort.
Trotz der Wellen, die draußen beben,
nehmen wir uns die Zeit zum Reden.

Außer Sicht liegt der nächste Pier,
dennoch vertraue ich dir und mir.
Wenn du und ich gemeinsam denken,
schaffen wir es, unser Boot
in jede Richtung zu lenken.

## Die kostbare Zeit

Die Zeit ist kostbar – ein Luxusgut.
Eine Pause erfordert reichlich Mut.
Die Masse rennt, das ist im Trend.
Wer rastet, der rostet und die Zeit, die kostet.

In Windeseile wird begrüßt,
nur auf eine Wange schnell geküsst,
drei Worte hastig ausgetauscht,
dem anderen kaum exakt gelauscht.

Drei weitere teilen ihr Leben im Chat.
Die Menschen verbinden sich durch eine App.
Kurz sind die Floskeln,
prompt geschossen ist das Foto.
Einfach dabei sein, heißt hier das Motto.

Wo bleibt die Wärme eines echten Zuhörers,
der seine ganze Aufmerksamkeit verschenkt,
seinen Blick nur auf diesen Moment lenkt
und einfach zuhört bis zum End'?

Wer oder was sind diese Zeitdiebe,
die eingetauscht werden
für die Zeit mit den Lieben?
Gleich wie viel Zeit noch übrig bleibt,
in Liebe verbracht, wird sie zu einer Ewigkeit.

# Liebe als Geschenk

Liebe in den Händen halten,
unverhüllt oder hübsch verpackt
an den Menschen überreichen,
der im nahen steht Kontakt.

Wie trivial das klingen mag:
Liebe ist nun kein Objekt,
das der eine dem anderen schenkt
und er es sofort empfängt.

Auf den ersten Blick ist wahr,
Liebe stellt kein Objekt dar.
Liebe ist eine innere Regung:
erwärmt das Herz und befreit den Geist.

Freier Geist? Wie soll das gehen?
Bitte, die Idee detaillierter auslegen.
Liebe macht bekanntlich blind,
der Geist wird eher verrückt und spinnt.

Ja, auch hier ein Quäntchen Wahrheit.
Er sorgt in der Tat
beim Umfeld für eine Unklarheit.
Ein Geist getaucht in eine Liebestrance
sieht im Leben eine neue Chance.

Mutig, neugierig, furchtlos und gelöst
fließt er mit dem reißenden Fluss seines Lebens,
in seiner freudigen Befindlichkeit verschenkt er
die Zuneigung und Dankbarkeit bedingungslos:
und dieses Geschenk trägt den Namen Liebe.

# Dank

## Danke an meine Familie III
(Die Kunst des Schreibens)


Die Kunst des Schreibens -
wo kommt sie her?
Durchaus möchte ich es begreifen
und laufe der tiefsinnigen Fertigkeit hinterher·

Einen Stift zu nehmen in die Hand
ist ein gelungener Anfang·
Einen Schreibblock lege ich auf meinen Schoß —
schon geht es mit dem Schreiben los·

Ich sprenge meine tiefsitzenden Gedanken·
Gern, möchte ich schriftlich danken,
den Menschen, die ich grenzenlos mag
und ihnen das noch zu wenig sag'·

Wie wenig hören das grad die Liebsten,
die zu mir stehen in allen Zeiten,
den besten und den trübsten·
Ich bin erfüllt· Mein Herz ist voll·
Diese Menschen sind mir wertvoll·

Die Semantik sitzt bei mir nicht fest,
etwas zu schwach für einen Deutschtest·
Gleichwohl - eine extreme Kraft
schießt mich nach vorn:
Die Liebe ist mein größter Schreibansporn·

# Dank an die Leserschaft III

Meine aufgeschlossenen Leser und Leserinen
auch euch gebührt mein tiefster Dank·
An dieser Stelle erkläre ich es lieber mit Anna
Achmatowas Worten und schreibe weiter meine
Texte für euch auf:

"Vieles möchte, wenn ich mich nicht täusche,
Noch von meinem Mund besungen sein:
All die wortlos dröhnenden Geräusche,
Was im dunklen Erdreich höhlt den Stein,
Was im Rauch erahne ich allein·
Fertig bin ich längst noch nicht geworden
Mit der Glut, dem Wasser und der Luft···
Meine Träume öffnen mir die Pforten
Zu so vielen unbekannten Orten,
Wenn von fern der Morgenstern mich ruft·"

Achmatowa, Anna (2003): 50 Gedichte. Russisch-deutsch. Übertragen von Christine
Fischer Jena. Institut für Slawistik. (Schriften und literarische Texte, 5) ISBN
3-9805226-4-4

# Inhalt

## *Die Frau*

## Die Mutter

## Die Partnerin

## Dank

# Galina Pfeifer

Galina Pfeifer wurde 1981 in der Steppe Zentralasiens geboren, zwischen Nord- und Ostsee aufgewachsen, studierte in Niedersachsen, arbeitete in der Nähe von Dreiländerpunkt und lebt glücklich mit ihrem Mann und Kindern auf dem Berg mit der Aussicht auf die Alpen.

Als Bibliothekarin in der Universitätsbibliothek recherchierte sie für die Wissenschaftler und zeigte den Studierenden den Weg zu der geeigneten und gesuchten Literatur. Zeitgleich betreute sie ehrenamtlich eine Kindergartenbibliothek, um das Interesse zu den Büchern schon bei den Kleinsten zu wecken.

Das Motto: „Nach dem Wissen aus den Büchern zu greifen, um die Welt zu begreifen" galt für sie, bis ihre Töchter auf die Welt kamen. Die Beiden öffneten ihr nicht nur die Augen, sondern alle ihre Sinne. Seit dem nimmt sie auf ihre große Entdeckungsreise Bücher, ihre Familie und unendliche Liebe mit!


Mehr von Galina Pfeifer:

Du und dein Kind – eine tolle Zeit beginnt!
Herbst- und Wintergedichte
Erschienen 2018

Du und dein Kind – eine tolle Zeit beginnt!
Frühlings- und Sommergedichte
Erschienen 2019

Leseprobe aus „Herbst- und Wintergedichte":

## Die Wachrüttler

Die Wachrüttler sind unsere Kinder.
Sie sind meines Glückes Finder.
Hiermit notiere ich im kurzen Stil
Erlebnisse aus unserem Spiel.

Kannst du die Welt mit Kinderaugen sehen?
So wirst du meine Texte mit Leichtigkeit verstehen.
Bediene dich, ahme nach und fühl dich frei.
Erlebe, rieche, schmecke und sei dabei!

Leseprobe aus „Frühlings- und Sommergedichte“:

## Kräuterfee mit dem Tee

Maja ist eine Kräuterfee
trinkt am liebsten frischen Tee.
Sie hockt auf der Terrasse und
schaut in ihre leere Tasse.

Die Natur ist nicht mehr kalt,
Magnolien verblühen bald.
Maja holt hervor die Töpfe,
Kasten, Kübel und Übertöpfe.

Weiche Erde bis zum Rand
füllt die Fee mit ihrer Hand.
Kräutersamen rund und klein
säet sie in die Erde rein.

Gießen, der Sonne wenden, warten,
und dann warten, gießen, warten
und noch tausendmal durchatmen
und anschließend wieder warten.

Der Ablauf ist der Fee bekannt.
Sie trinkt erst Früchtetee entspannt.
Melisse, Minze, Thymian und Salbei,
die kommen auch schon bald herbei.